AF450695

APOLOGIE

DE LA

LANGVE

LATINE.

CONTRE LA PREFACE DE

Monsieur de la Chambre, en son Liure des
Nouuelles Conjectures de la Digestion

DEDIEE A MONSEIGNEVR
SEGVIER, CHEVALIER
CHANCELIER DE FRANCE.

par Monsieur BELOT, Aduocat au Conseil Priué du Roy.

A PARIS,

Chez FRANÇOIS TARGA, au premier pillier
de la grand'Salle du Palais, deuant la
Chappelle, au Soleil d'or.

M.DC.XXXVII.
Auec Priuilege du Roy.

A MONSEIGNEVR

MONSEIGNEVR

SEGVIER, CHEVALIER

CHANCELIER DE FRANCE.

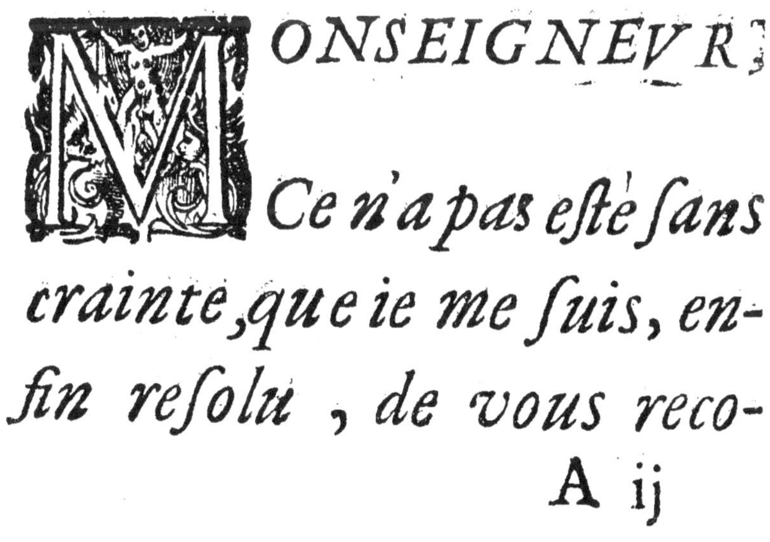

MONSEIGNEVR,

Ce n'a pas esté sans crainte, que ie me suis, enfin resolu, de vous reco-

A ij

gnêstre le juge de cette con-
testation , le merite & la
probité qui vous ont fait
le Chef de tous les autres,
n'empeschent pas que je ne
me deffie du jugement que
ie pourrois esperer en ma
faueur,& que l'on doit à la
verité des opinions que ie
soûtiens : Quand ie pense
à ces celebres Harangues
que vous auez prononçées
dans le plus Auguste Senat

de l'Europe; Ie confeſſe que
noſtre Langue à fait vn
effort, qui la portée au
point de ſa perfection; I'a-
uoüe que quand vous l'a-
uez fait ſeruir d'interprete
aus iuſtes intentions du
plus Grand de tous les
Roys, vous auez encore
rauy les meilleurs eſprits
de ce Royaume, par des
expreſſions dont il ſembloit
qu'elle fût incapable : &

A iij

c'eſt pour cette raiſon ,
MONSEIGNEVR,
que i'ay peine à me perſuader que la Langue Fran-
çêſe qui à contribué ſi
âuantageuſement a vôtre
gloire puiſſe receuoir de
vous vn jugement qui ne
luy ſoit pas fauorable. Les
nouuelles graces dont elle
s'eſt parée pour nous faire
voir les belles jdées de
vôtre eſprit, celles qu'elle

découure tous les iours
pour entretenir la poste-
rité de vôtre estime & de
vôtre Nom, ne vous per-
mettront pas facilement de
prononcer a son desâuan-
tage. Et quand aprés tout
ie considere que vous la
cherissez a ce point de luy
auoir choisy des personnes
qui veillent à la conserua-
tion de sa pureté, & dont
la suffisance dissipe tous les

A iiij

desseins de ceux qui la
pourroient corrompre; Ie
suis bien excusable d'auoir
fait quelque resistance
auant que de vous remet-
tre ce different entre les
mains. Mais depuis que
i'ay repassé sur les considerations, qui vous peuuent
obliger d'estre de mon party, ie n'ay plus douté que
la Langue Latine ne trou-
uât auprés de vous toutes

les aſſurançes d'vne proté-
ction particuliere. Son
Apologie qui eſt vn raiſonnement de politique, inte-
reſſe dans ſa deffence le
bien de cette Monarchie,
elle preuue clairement que
la France peut ſouffrir
quelque alteration du mê-
pris que lon en pourroit
faire, & au contraire tirer
de grans âuantages de l'e-
ſtime, que luy doit toute

l'Europe ; Elle fait voir
que la Religion y peut aug-
menter ou perdre son zele,
les loix leur authorité ; Et
les sçiences ce quelles ont
acquis de gloire. Enfin,
MONSEIGNEVR,
vous verrez dans ce Dis-
cours dequoy obliger vn
grand Ministre à mainte-
nir ouuertement la Lan-
gue Latine contre tous
ceux qui la voudroient op-

primer, vous y trouuerez
que pour le bien de l'Eſtat
l'on doit ſoûmettre la
Langue Françêſe à ſon
Empire, ſans toutesfois
qu'elle puiſſe auoir aucun
ſuiet de ſe plaindre. Et
bien au contraire, elle ſera trop glorieuſe d'eſtre
traittée à l'egal de vôtre
perſonne que vous auez
conſacrée à la France pour
en ſoûtenir l'honneur, &

de seruir de témoignage
que vôtre plus grande
gloire eſt de pouuoir ſacri-
fier, ce que vous auez de
plus cher au bien de ce
Royaume. Et de cette ſorte
la Langue Latine vous ſe-
ra tellement redeuable de
vôtre aſſiſtance contre l'op-
preſſion de ſes ennemis,
que ſi la noſtre s'efforce
pour recognêſſance de l'affe-
ction, dont vous l'honno-

rez, de publier vôtre vertu
en tous les lieux ou elle ſe
fait entendre ; Celle là
bien plus puiſſante por-
tera vôtre reputation
par tout , & donnera
aus peuples des derniers.
ſiecles vos actions pour
des reigles vniuerſelles
d'vne parfaite juſtice. Et
quand leur querelle ne
ſeroit jamais terminée
elles ſeront toûjours

d'accord pour vous dire
que ie suis,

MONSEIGNEVR,

Voftre tres-humble &
tres-obeiffant ferui-
teur BELOT.

EXTRAICT DV
Priuilege du Roy.

PAR grace & Priuilege du Roy, il est permis à François Targa, Marchand Libraire à Paris, d'imprimer ou faire imprimer, & exposer en vente, vn Liure intitulé, *Apologie de la Langue Latine, contre la Preface de Monsieur de la Chambre en son Liure des Nouuelles Conjectures de la Digestion, par Monsieur Belot Aduocat au Conseil Priué* : Et deffences sont faites à tous Imprimeurs, Libraires & autres, d'imprimer, ny faire imprimer ledit Liure sans sa permission, ou de ceux qui auront droit de luy, & cepédant le temps de sept ans

à compter du iour que ledit Liure sera
acheué d'imprimer pour la premiere
fois, à peine aux contreuenans, de
quinze cens liures d'amende, confisca-
tion des exemplaires qui se trouue-
ront contrefaits, & de tous despens,
dommages & interests, ainsi qu'il est
contenu plus au long ausdites Lettres
de Priuilege. Donné à Paris le quator-
ziesme iour de May mil six cens trente-
sept.

Par le Roy en son Conseil,

Signé, DVMOLEY.

Acheué d'imprimer ce 12. Iuillet 1637.

Les Exemplaires ont esté fournis ainsi
qu'il est porté par le Priuilege.

AV LECTEVR.

E te donne cette
Apologie contre mon
âuis : parce que j'e-
ſtime que l'on ne peut
étre tout a fait hon-
neſte homme, & contredire publi-
quement les ſentimens d'vn autre.
Il y à ſans doute quelque choſe à
reprendre en mon deſſein, je fais
vne querelle à mon amy, ſans étre
aſſuré qu'on luy donne le tort, &
quelque âuantage que je me pro-

B

posé dans cette dispute, il faut
neantmoins demeurer d'acord,
qu'il ny à point de raison si forte
qui n'ait sa contraire, ny de party
si féble qui ne donne de la peine à
vaincre : En vn mot celuy qui
attaque s'expose, & qui entre-
prend vn combat dont l'éuene-
ment est douteux, court la moitié
de la fortune. Les mauuaises
causes ne sont pas generalement
abandonnées, elles treuuent aussi
bien que les bonnes, des protecteurs
& des partisans, parce qu'il y à
toûjours des interessés ou des en-
uieux. Crois cher Lecteur que la
moindre de ces considerations
pouuoit me diuertir de cette entre-

prise , en laquelle il sembleroit que
je chercherois de la gloire aux dé-
pens d'autruy : C'est vne feblesse
que ie hay jusques dans la nature,
qui ne peut auantager l'vn sans
perdre l'autre , ny rien engendrer
sans corrompre. Mais afin que
tu sçaches quelle est donc la raison
qui me contraint de tomber dans
vne faute que i'ay preueuë, & de
faire vne action que ie blâme: Ie te
diray que Monsieur de la Chambre, dont le merite aussi bien que le
nom t'est conneu par ses ouurages,
m'ayant obligé de luy dire mes sentimens de ses premiers traittés, ma
franchise me porta de luy en repro-
cher le langage, & ayant neant-

A ij

moins continué d'écrire en Francés, il à pensé qu'il, étoit obligé de faire à son Liure, des Nouuelles Conjectures de la Digestion, vne Preface en faueur de nôtre Langue contre la Latine, laquelle m'étant addreßée sous le nom du Lecteur, ie me suis treuué engagé d'y répondre par cette Apologie, que mes amis m'ont tiré des mains en se seruant de l'authorité de personnes qui ont tout pouuoir sur moy, pour m'obliger de la donner au public. Tu la receuras donc Lectur, puis qu'il faut que i'obeiße, & si tu rencontres dans le stile, ou dans le raisonnement quelque

chofe qui te fatisfaffe ou qui
t'oblige de te declarer de mon
party, tu n'en feras redeuable
qu'à cette necefsité, laquelle
m'ayant forcé d'écrire, paffera
pour vne de ces caufes qui fe
plaifent quelquefois à produire de
bons effets aufsi bien que de
mauuais. Si au contraire apres
que tu auras examiné les raifons
d'vne part & d'autre, tu te t'ar-
rétes a l'aduis de mon amy ie n'en
feray pas moins glorieux, n'ayant
point d'autre deffein, que de faire
connêtre plus generallement fon
merite, en écriuant fur vne que-
ftion affez nouuelle qui peut
paffer pour vn probleme, dont les

diuerses raisons aggréeront sans doute à tous ceux qui voudront prendre le diuertissement de les lire.

APOLOGIE

DE LA
LANGVE
LATINE.

CONTRE LA PREFACE

de Monsieur de la Chambre, en son
Liure des Nouuelles Conjectures
de la Digestion.

NCORES qu'il
semble que dans
l'ordre de la natu-
re, il ny ait rien de si stable,
dont le temps & la reuolu-

B iiii

tion des siecles ne puissent
acheuer la durée : Et que
l'experience nous ait en-
seigné, que les plus redou-
tables Empires, qui ont en-
seuely dans la suitte de leurs
longues années, le Bronze
& le Marbre, sont enfin
tombez comme les choses
les plus perissables dans la
poussiere, & dans le neant :
Si és-ce que l'on ne peut in-
ferer de cette maxime, que
les Langues qui ont été ren-
duës les plus parfaites pour
l'intelligence des hommes
puissent receuoir cette dif-

grace. Et quoy que *Monsieur de la Chambre* ait hardiment écrit dans cette celebre Preface (qui rend nôtre Langue si glorieuse) que la Latine soit arriuée dans cette vieillesse méprisable, à ne plus conter que des fables, & des Histoires du temps passé : quelle soit morte auec son peuple , ou quelle ne l'ait pas suruécu lon temps : Il me semble neantmoins qu'il n'est pas dificile de faire voir , quelle est de la nature de ces choses qui ne doiuent perir que dans la ruine

du monde, & quelle peut
étre juſtement comparée à
ces beaux aſtres, qui dés le
jour de leur naiſſance ont
promis vn cours eternel, &
des lumieres pour éclairer à
iamais les yeux de tous ceux
qui les pourront connêtre.

Ie veux bien confeſſer
auec tous ceux qui ont leu
les ouurages de ce Prote-
cteur paſſionné de nôtre
Langue, que ſi ſa Prefa-
ce n'en compoſe la meil-
leure partie, elle en doit
étre eſtimée la plus belle,
qu'il ſeroit dificile de s'ex-

primer en meilleurs termes,
ny de rien âjoûter à ce beau
raiſonnement : Mais ie ne
puis demeurer d'acord, que
ſes opinions ſoient ſi verita-
bles, que lon ne puiſſe deformais écrire en Langue
Latine, ſans faire injure à la
France, trahir ſon pays, où
ſe rendre coupable de la-
cheté. I'entreprens au contraire d'intereſſer l'Eſtat
dans le mépris de cette riche Langue : de monſtrer
que la Grecque ou la Latine,
expriment mieux les ſecrets
des ſciences que la Francêſe,

& de faire auoüer aux plus intelligens , que s'il eût écrit ces œuures en l'vne ou en l'autre , elles auroient eu cette approbation vniuerselle qu'elles meritent.

Et afin que lon ne me reproche pas que pour la preuue de ce difcours , je me deuois donc feruir de la Langue Grecque , où de la Latine. I'ay creu qu'il me fufifoit d'employer les mefmes armes pour les defendre, dont elles font combatuës, & j'ay bien voulu que la Langue Francêfe s'acufât elle mesme de sa féblesse, où qu'au moins elle employât toutes ses graces pour l'excuser.

Les doctes qui estimeront toûjours , *Monsieur de la Chambre* en quelque façon qu'il écriue , ne goûteront pas neantmoins dans ses ouurages cette douceur, qui se rencontre dans la lecture des belles matieres , quand elles sont exprimées par des termes autorisez, & propres à l'explication de leur sujet , parceque ayant été contraint de se seruir d'vn grand nombre de mots inconnus à nôtre Langue, qu'il à deriuez de la Grec-que ou de la Latine, ſon ſtile s'eſt treuué bien épi-neux aux plus entendus, & trop obſcur à ceux qui ne connéſſent que la Langue Francêſe.

Et par cette raiſon peut étre que ſon deſſein eût mieux reüſſy pour faire ad-mirer ſa belle Philoſophie, ſi auec ſa nouueauté on n'y eût pas rencontré celle du langage.

L'Exemple des premiers

Philofophes qu'il veut fui-
ure qui ont écrit les Loix,
& enfeigné les Sciences en
leur Langue, n'eft point affez confiderable ; car s'ils
ont acquis facilement l'approbation des peuples , &
fait receuoir leurs nouueautez auec admiration , ils ont
eu dans leurs temps des
âuantages qui luy mãquent.

Quand les Romains vou-
lant chaffer le trouble,& la
diuifion d'entre eux , pour
les porter plus facilement
chez tous les peuples de la
terre , enuoyerent des Am-

baſſadeurs à Athenes pour emprunter leurs Loix, s'informer de leurs coûtumes, d'écouurir les ſecrets des Sciences , & rapporter à Rome tout ce qui pouuoit feruir à l'accréſſement de leur Eſtat : il eſt vray que tous leurs memoires qui ne pouuoient étre qu'en Langue Grecque , furent traduits en la Latine , d'où les Loix des douze Tables ayant été compilées par ſes Ambaſſadeurs , il en ſortit depuis cette maſſe prodigieuſe du droit Romain, qui s'obs'obferue encore dans les plus celebres Parlemens de France. Et ie confeffe que la Langue Latine , n'auoit point encores de termes pour l'expreffion de tant de nouueautez , & qu'ils furent neanmoins receüs auec applaudiffement de tout ce peuple, qui s'étudia à l'intelligence des mots Grecs, qui ne pûrent étre changés quoy qu'ils leur fuffent barbares & inconnüs.

Mais confiderons les raifons importantes, pour lefquelles ces traductions fu-

rent ſi-tôt faites, la neceſſité que la Langue Latine eut
de s'en ſeruir, & celle qui
porta ſon Peuple à receuoir
auec admiratiõ ce que nous
deuons rejetter auec mé-
pris. L'Empire Romain qui
n'étoit lors qu'vn Etat po-
pulaire, étoit abſolument
gouuerné par le ſimple peuple, les plus importantes affaires étoient reſoluës, &
decidées par ſon ſuffrage, &
prenoit indifferemment co-
gnêſſance de tout cequi re-
gardoit la choſe publique.
De telle ſorte que quicon-

que eût ecrit en Langue in-
cogneuë à cette Populace,
eut été reputé Perturba-
teur de ſon repos, traître à
ſon païs, & ennemy des
Romains.

Ce peuple étoit tellemẽt
jaloux du maniement des
affaires, que la crainte d'en
perdre l'adminiſtration, le
faiſoit viure dans de conti-
nuels ſoupçons.

En fin il auoit trop re-
çemment ſecoüé le joug de
la tirannie de ces Rois, &
trop peu goûté les douceurs
de la liberté, pour ſouffrir

que la moindre nouueauté fut conçeuë en Langue étrangere.

Et ainſi ce fut vne neceſ-ſité à tous les grans Hommes de l'Antiquité d'écrire les Loix, & d'enſeigner les Sciences en leur Langue, ſans apprehender que les termes nouueaux, dont ils auoient été contrains de ſe ſeruir, ôtaſſent rien à leur reputation, ny à la gloire de leurs ouurages; Car au contraire cette raiſon d'état les faiſoit reçeuoir auec applaudiſſement, & donnoit tant d'autorité à leurs écrits, que les paroles étrangeres pafferent en peu de temps pour propres & naturelles à leur langue.

Cette circonftance fe treuua accompagnée d'vne autre qui ayda beaucoup au credit que ces Grans Maîtres s'acquirent.

Les Romains commencerent les traductions des memoires Grecques dés la naiffance de la Langue Latine, & en vn temps qu'elle étoit extremément rude. A peine pouuoit-elle étre fortie des portes de Rome, les Fidenates qui n'en étoient éloignés que de huiĉt ou dix lieuës l'entendoient peu, & ne la parloient point du tout, en forte que tout ce que l'on écriuoit lors étoit bien reçeu, pourueu qu'il fut intelligible! le fens d'vn difcours étoit feulement confideré, & l'art qui en compofe la plus belle partie eftoit incogneu. Enfin cette Langue dans fon enfance reçeut facilement, & par neceffité tous les termes qui luy manquoient, ſans examiner s'ils étoient Grecs ou Perſans , & s'enrichit de la ſorte , auſſi bien du langage de toutes les Nations , comme ſon Peuple fît depuis, de leurs dépoüilles & de leurs Eſtats.

La politeſſe n'entra en conſideration que pluſieurs ſiecles apres, & en vn temps que cette belle Langue auoit toute ſon étenduë, qu'elle abondoit en termes autoriſez , & que ſa grace paréſſoit dans vne facile expreſſion de tout ce qui pouuoit étre conçeu.

Tellement que dans les premiers siecles, les Autheurs forcez de plaire au Peuple Romain, & dans les derniers, charmez par les ornemens, & par les richesses de cette Langue, ont eu juste raison de s'en seruir en tout temps, & d'exclure du commerce des esprits toutes les étrangeres.

Mais confessons que tous ces âuantages manquent à ce fidel Amy de nôtre Langue, & qu'en cette occasion l'Antiquité ne peut étre bien imitée. Nous ne

sommes point dans sa naiffance, ny dans vn temps ou
l'on puiffe prendre la liberté
de luy donner tout à la fois
tant de termes qu'elle n'a
pas. Et nous viuons fous vne
Monarchie qui a fes maxi-
mes toutes contraires aux
Republiques. Le Peuple
doit ignorer en celle-cy beaucoup de chofes, qu'il doit
fçauoir en celles-là, & fou-
uent ce qui eft vn crime en
vn fiecle, paffe en l'autre
pour vne vertu. Et apres
tout lesE tats ne connéffent
„point de politique certai-

„ ne non plus que de mora-
„ le, & s'arétent rarement
„ aux exemples du passé.

Le peu de contrainte que
nos premiers Auteurs ont
eu d'écrire en Langue vul-
gaire, sous l'heureuse Monarchie des Françês, à fait
que les Loix, les Sciences, &
la Religion sont long temps
demeurées dans les Lan-
gues ou elles auoient été
treuuées, parceque dans les
premiers temps, il ny a point
eu de necessité de les chan-
ger pour s'aquerir la bien-
veillance d'vn peuple. Et

ſans rendre compte de toutes les raiſons importantes,
qui defendent à la Religon
l'vſage de nôtre Laugue ; ie
le ſatisferay de celles qui luy
ſont communes auec les
Loix & les Sciences, & qui
les ont ſi long-temps conſer-
uées ſous la protection de la
Latine.

Et premierement à l'égard
de la Religion : Il n'eſt arri-
ué que trop ſouuent, que
quand l'on à voulu d'étrui-
re quelque fauſſe Doctrine
en nôtre Langue, elle s'eſt
autant affermie par la trop

grande connéſſance qui en a eſté donnée , que par la fébleſſe des écriuains , par- ceque tous les eſprits n'é- tant pas d'vne meſme trem- pe , les fébles qui ne diſtin- guent pas facilement la veri- té du menſonge , l'empor- tent toûjours par le nombre ſur les forts , & les ignorans ſur les doctes.

Et quant aux Loix, la mul- tiplicité des Romaines qui nous ont eſté laiſſées , ont decidé tant de fourbes , & de ſubtilitez , & ont parlé de tant de crimes , qu'il eſt

vray de dire, que si elles fussent demeurées dans leur
langue, la moitié de la France ne seroit pas occupée à
les punir, ny a terminer des
proces; cette source inépui-
sable n'auroit pas produit
vn venin, qui s'est répandu
sur tant de fébles esprits, qui
n'en n'ont eû l'intelligence,
que par l'interruption des
Plaidoyers Latins, & des
iugemens qui se font si long
temps rendus en cette langue.

Les sciences ont éprou-
ué la mesme disgrace : les

langues qui les ont diuul-
guées ont caufé auec leur
mépris la diuifion parmy
les peuples, & la ruïne des
Empires : parceque s'il eft
âuantageux de les poffeder
parfaitement, il eft perilleux auffi de n'en auoir
qu'vne legere teinture. Elles
infpirent aux ignorans vne
prefomption infupportable
de fçauoir toutes chofes,
comme aux fçauans vne
loüable creance dignorer
beaucoup : de la eft venu ce
mépris general de tous les
anciens autheurs , & cette

cenſure inſolente de tous les modernes.

C'eſt cette arrogance qui porte à la fin les ignorans à blâmer meſme ce qui eſt digne de loüange: parce qu'ils ne peuuent pas approuuer ce qu'ils n'entendent pas aſſez, & ne s'arrétant pas ſeulemét à la cenſure des écrits, paſſent a celle des actions de tout le monde; Ceux qui rémpliſſent les premieres charges de l'Etat ne peuuent euiter d'étre l'objet de leur mediſance, & pour peu qu'ils ſachent de Politique, ils ac-

cufent d'imprudence la con-
duitte des plus grans Mi-
niftres , & les font coupa-
bles des moindres defor-
dre, aufquels les Etats font
fujets.

C'eft ainfi qu'ils font fou-
leuer les peuples contre les
Princes, qu'ils troublent le
repos public, & qu'ils cau-
fent les reuolutions des plus
fuperbes Monarchies; C'eft
ainfi que les Romains en-
flez de cette prefomption
de fçauoir tout, ont auancé
la decadence de ce floriffant
Empire.

L'in-

27

L'Inteligence que cette riche Langue leur auoit donné des Sciences & des Arts, & par elle cette connéſſance vniuerſelle de toutes choſes, étant entrée confuſément dans leurs eſprits, fit bien-tôt naiſtre vne diuiſion entre eux, qui les porta à ſe mépriſer en vn temps qu'ils étoient eſtimez de tous les Peuples, & à ſe faire la guerre lors quelle ne pouuoit plus leurs être faite: En fin la vanité de ce peuple trouua dans ſa puiſſance redoutable aſſez de fébleſſe

D

pour ſe perdre , & trop de forces diuiſées pour pouuoir éuiter ſa ruïne.

Ce ſont là les effets que les ſecrets des ſçauans mal à propos découuers aux peuples, ont produit chez les Romains , & dont l'exemple ſeroit auſſi perilleux à nôtre Monarchie, qu'il a été dommageable à cet Empire. Ie laiſſe à part les belles conſiderations qui pourroient étre tirées de châque ſcience , & qui feroient voir plus clairement, de quelle importance il eſt

de les tenir cachées ou du
moins ne les declarer qu'à
des perſonnes qui en fuſſent
capables. Ce ſera dans vn
traité de Politique à qui j'ay
donné le nom de *La France,*
ou la Monarchie parfaite, ou
l'on treuuerra ſujet d'éton-
nement & d'admiration ,
en examinant combien la
connéſſance qu'on a don-
né de la Philoſophie aux
peuples ; a fait de Broüil-
lons & de Sophiſtes, com-
bien celle de la Theologie,
d'Heretiques & d'Athées,
la Morale, de fauſſes vertus

& d'hipocrites, & combien
la Medecine que l'on Pro-
feſſe en nôtre Langue, a fait
d'Empyriques, & d'homi-
cide, qui tüent plus d'hommes que la peſte & la guerre
enſemble, & qui n'ont point
treuué d'autre moyen de viure que celuy de faire mou-
rir impunément tant de
monde.

C'eſt aſſez d'auoir mon-
tré que la neceſſité qui a
preſſé les Romains d'écrire
en leur Langue, a eu des ſuc-
cés funeſtes & deplorables,
& que la liberté que nous

auons d'écrire en toutes les autres, nous fera tres-âuantageufe, fi les Françês ne fe feruent pas fi librement de la leur, afin que l'on croye deformais que c'eft par prudence Politique & non pas *par lâcheté, ny par pareffe*, que l'on priue nôtre Langue de la connéffance de tant de belles matieres : Et que nôtre Autheur reconnéffe le tort qu'il s'eft fait à luy-mefme d'auoir ôté à la Latine l'honneur de fes ouurages, pour les donner à la Francêfe qui ne peut l'ex-

pliquer de ſi bonne grace, &
qui meſme ne les doit point
connêtre.

C'eſt la punition de ſon
ingratitude, & de l'injure
qu'il luy fait quand il dit,
qu'elle n'eſt capable que des choſes
mortes, ou de raconter des fa-
bles, & l'Hiſtoire du temps paſſé.

Car apres auoir puiſé auec
tous les grans hommes de
ce ſiecle, ce qu'il y a de plus
eminent dans la Doctrine,
l'on peut juſtement l'acuſer
de peu de reconnéſſance,
dans l'extréme mépris qu'il
en fait, au lieu que ſans luy

faire tort , c'eſt ce qu'il pouuoit dire de nôtre Langue,
qui en ce genre d'écrire ſur-
paſſe infiniment toutes les
autres.

Sa politeſſe eſt incompara-
ble dans les fictions, & dans
les Romans , ſa mignardiſe
dans les Poëſies , ſa naïfueté
dans les Hiſtoires , ſa force
& ſon abondance dans les
Harangues , & dans toutes
les Pieces d'Eloquence , &
ne ſe treuue jamais ſterile
ny barbare , que dans l'expreſſion des ſciences , pour
leſquelles la Latine à des

graces qui ne flétriront jamais.

Sa vielleſſe ne connoit
point de tâches, ny de rides,
& paroit auec autant de
charmes en ce ſiecle, quelle
à fait dans celuy des plus
grands Orateurs Romains.
Elle eſt comme ces grans
fleuues que la ſuitte des années na pû tarir; Et comme
ils coulent encore dans leur
lict auſſi clairs, & auſſi purs
qui'ls ont fait depuis leur
néſſance, nous la voyons
ainſi dans la bouche de ceux
qui la parlent auec autant de

pureté, qu'en celle de ces premiers peres : Tant y a que pour ne pas eſtimer l'vne en vn point, que l'on puiſſe mépriſer l'autre, l'on peut dire de toutes deux, quelles ont des beautez differentes, & aſſez de charmes pour ſe faire admirer, quand elles ſeront apliquées aux ſujets ou elles reüſſiſſent le mieux. Cette belle Langue Latine n'eſt donc point morte comme il nous le veut perſuader, & s'il crêt l'auoir terraſſée par le raiſonement de ſa Preface,

qu'il ne doute pas de la voir
comme vn Anthée repren-
dre de nouuelles forces,
pour s'oppofer à fon ingratitude, & parêtre dans des
ouurages qui ne content
point, *de fables, ny d'Hiftoires*
du temps paſſé. Il veut qu'elle
meure, parce quelle à veu
enfeuelir fon peuple, &
fon païs, comme fi vn en-
fant ne pouuoit pas furui-
ure à fon pere, ou qu'il y
eût du crime a conferuer
auec nous vne fi belle étrangere. Sa beauté eft bien
contraire à celle de cette

Grecque qui coûta la ruïne de ceux qui l'auoient receuë : Car encores quelle ait esté recherchée de toute l'Europe, elle se peut neantmoins vanter d'auoir chassé par tout où elle a passé, l'ignorance, & l'infidelité : d'auoir seruy à l'vnion des Chrestiens, & à la bonne intelligence de tant de differens peuples.

Il veut qu'elle soit l'objet de la haine des Françês, parce que les Romains auec elle ont autrefois asseruy tous les peuples. Et c'est

par cette raiſon que nous la
deuons eſtimer, puis qu'elle
ſçait ſi vtilement ſeruir à la
domination de toute la terre.

Enfin il la veut faire paſſer
pour l'ombre de ces vieux
tirans, & la rendre coupable de la pauureté de nôtre
Langue , & neantmoins
c'eſt elle , qui comme vne
puiſſante Reine affection-
née à ſes ſujets, nous a ou-
uert ſes treſors, où les Mi-
niſtres & les plus grans de
l'Etat, ont puiſé de quoy
faire trembler nos voiſins

& nos ennemis, par les ſages conſeils que le ſçauoir & la prudence leur inſpirent.

Il me ſemble que ce ſont là des raiſons , qui pouuoient luy faire tomber la plume des mains, toutes les fois que le deſir l'a preſſé d'écrire en nôtre Langue, des matieres qui luy ſont ſi peu connuës : Et particulierement quand la ſterilité des termes, luy a ſi ſouuent arreſté la main au milieu d'vne periode, & dans les plus beaux endroits de ſon diſcours, en ſorte qu'il s'eſt treuué contraint d'y mesler le Grec & le Latin , pour se faire entendre.

Et si l'esperance que la Posterité pourroit estimer vn iour les choses que nous méprisons, & autoriser les nouueautez qui nous dé-plaisent, nous faisoit naistre le dessein de les produire, il faut penser qu'à peine pou-uons nous ietter les yeux sur les ouurages de ceux qui ont le plus purement écrit depuis cinquante ans, & qui dans leurs temps ont eû la reputation d'auoir connu la perfection de leur Langue ; parce quelle s'eſt depuis tellement polie, que leur ſtile ne peut parê-tre que barbare.

Et ce pendant il veut que la Poſterité qui ne s'atache qu'a la perfection eſtime les écrits qui nous donne dans vn ſiecle ou la politeſſe eſt ſi fort conſiderée.

Certes ſi nôtre Langue étoit capable de quelque accrêſſement, ce ne ſeroit pas de ce nombre infiny de termes qui luy manquent pour l'intelligence de toutes les Sciences, & particulierement de la Medecine, qui les à presque tous conserués en Langue Grecque, si ce n'ést que suiuant ses sentimens l'on enseignât desormais dans les écholles les Arts, & les Sciences en nôtre Langue, encore m'auoüroit-il qu'il ne faudroit pas seulement vne longue suitte d'années, pour les faire passer pour naturels, il seroit encore necessaire qu'vne autre Langue succedât à la nôtre, & vn autre état, à cette Monarchie,

comme

comme nous auons fait aux Romains.

Mais les Echolles de la Philoſophie, & ces celebres Facultez de la Theologie, & de la Medecine ont trop de raiſõs auec celles que i'ay déduites, pour ne pas conſeruer ſoigneuſement les ſecrets des Sciences, dans la pureté des Langues, ou elles les ont treuuées : & l'Etat eſt dans vn point de grandeur & de puiſſance, à ſoûmettre bien plutôt les plus floriſſantes Monarchies que de ſouffrir aucune alteration.

E

Nous en deuons crére plus que iamais , ce que les premiers Chrestiens auoient creu de l'Empire Romain , qu'il subsisteroit jusques à la dissolution du monde : Quand ils faisoient des prieres pour la durée de l'Empire , ils demandoient seulement à Dieu qu'il éloignât ce desordre general de toute la nature , & cette ruine épouuentable de l'Vniuers , sans laquelle ils auoient vne ferme creance que cette Majesté pompeuse & triomphante du peuple Romain ne deuoit jamais finir.

Et nous pouuons dire que nôtre esperance est d'autant mieux fondée, que la Monarchie des Françês s'estant êleuée dans le Christianisme, se treuue sous la protection d'vn Dieu eternel & jmmuable, au lieu que l'Empire des Romains ne recognoissoit que des Dieux perissables d'Argile & de Bronze, que la suitte des années deuoit enseuelir auec luy.

Il ne faut donc pas es-

perer vne aprobation de la
posterité pour les ouurages
de Doctrine , escrits en
nôtre Langue , puisqu'elle
ne peut arriuer que par des
reuolutions si fort éloignées
des apparences. C'est trahir sa reputation, ou du
moins en arrester le cours,
que d'écrire de si belles
choses en des termes si con-
traints.

La beauté des paroles
augmente la beauté des
sujets, & les choses exprimées en termes releuez,ne
persuadent pas seulement

le Lecteur , mais l'étonnent & le transportent jusques au rauiſſement : loüye doit eſtre ſurpriſe auant que la raiſon ſoit perſuadée , & l'harmonie qui naît de la majeſté du langage peut émouuoir comme cette Lyre d'Alexandre , les paſſions & l'eſprit ſelon la difference des matieres.

La Langue Latine pouuoit faire tous ces effets dans les ouurages de nôtre Autheur, leſquels eſtant de la nature de ces belles jdées , qui ſont au de la de l'expreſſion ordinaire , il la deuoit choiſir pour en étre le truchement ; Car il eſt certain que les penſées des grans eſprits, quoy quelles ſe forment dans leur imagination auec toutes les conditions neceſſaires pour ſe produire , elles ne parêſſent neantmoins qu'auec de grandes difficultez.

Il en eſt comme de ces fameux artiſans de l'antiquité leſquels ayant atteint la perfection de leur art, conceuoient toûiours en leur eſprit quelque choſe de plus

parfait que leurs ouurages,
treuuant en l'execution des
repugnances dans la matiere
qui les furmontoient. Et
comme nous ne pouuons
d'écrire nos paſſions comme nous les ſentons, ainſi
les rares idées d'vn fort
eſprit ne ſe peuuent pas ſi
heureuſement exprimer cô-
mes elles ſont conceuës.

Il falloit donc qu'il ſe ſer-
uit de cette riche Langue,
qui luy fourniſt des paroles
approchantes de la beauté
de ſon ſujet, pour luy rendre autant de forces par

elles que l'on en reçoit de luy : parce que quãd même, il n'eut pas gaigné la creance des esprits dans ses opinions particulieres, il en eut au moins excité l'admiration par les charmes d'vne Langue, qui pourroit par ses deguisemens corrompre mesme la verité de toutes les choses.

C'est d'elle & de la Grecque que les anciens ont creu en lisant les Dialogues de Ciceron, & de Platon, que si les Dieux eussent voulu parler du Langage des hommes, ils se fussent seruis d'elles, dont les paroles égales a leur sujet acheuent des ouurages qui passent pour les merueilles de l'antiquité, & qui peuuent bien égaler ce que nous voyons de plus rare & de plus releué dans nôtre siecle.

Auoüons donc que la Philosophie qui a tant de beaux mouuemens, & de si precieux ressors, est vne machine qui doit ressembler au Chariot du Soleil, dont les roües sont de la plus riche matiere de la nature,

parce que les belles impref-
fions quelle doit faire dans
les ames, ne fi doiuent porter que par des paroles qui
leur reffemblent.

Autrement l'on nous
parleroit Grec, & Latin en
Françês, on nous voudroit
faire entendre des penfées,
par des termes qui ne s'entendent pas, & s'expliquer
par-ce qui a befoing de plus
grande explication.

Et quand il y auroit de
la lumiere dans fes écris
elle feroit contraire a la na-
turelle, car celle-cy s'offuf-

que & s'esteint par vne plus forte, & celle la ne pourroit estre cogneuë que par vne plus viue & plus brillante qu'il y faudroit porter.

Et pour finir ce Discours, & laisser a nôtre Auteur quelque regret de n'auoir pas suiuy mes sentimens; Ie n'ay plus qu'a luy dire qu'il pouuoit meriter la qualité de bon Francés par des voyes plus vtiles a la France qu'en écriuant en nôtre Langue, & auoir d'ailleurs cét âuantage en

ſe ſeruant de la Latine,
d'auoir donné a ſes ouurages autant de majeſté &
de pureté, que ſa Preface
en a dans la Françeſe.

FIN.

LETTRE DE L'AVTEVR

A

MESSIEVRS

DE L'ACADEMIE
Françêſe.

MESSIEVRS,

*V*ous treuuerez à l'ouuerture du
Liure que ie vous enuoye, que i'ay
ce deſauantage d'auoir écrit contre les ſentimens
de l'vn des plus ſçauans de vôtre compagnie : Et
que ce mauuais rencontre ſe treuue encore ſuiuy
d'vn autre qui me doit faire paſſer aupres de vous
pour vn temeraire. Le titre de mon ouurage vous
anonce que ie protege vne Langue que vous vous
efforcez de détruire, & que i'abaiſſe en quelque
ſorte la gloire de celle que vous éleuez. Ie confeſſe
que le zele que vous auez pour la perfeCtion de
nôtre Lãgue, s'eſt épandu par toute la France auec

applaudiſſement ; Ie reconés que cette celebre
Academie que vous compoſez, cõuie déja les plus
habiles du Royaume, à receuoir les regles que
vous preſcrirez, pour rẽdre la Langue Françéſe
digne de la ſuffiſance de ſon peuple, & de la puiſſance inuincible de nôtre Monarque. Mais ie
ne ſçay ſi pour gages de tant de beaux ouurages
que lon attend de vous, la France n'auroit point
ſouhaité quelque autre choſe, que le mépris d'vne
Lãgue qui a toûjours été digne de l'eſtime des plus
grans Genies de la terre? Ne dira-on point que
cette ſuffiſante Academie, ſi delicate en l'expreſſion des penſées, ſi religieuſe au choix des paroles,
ſi exacte & ſi ſeuere en la cenſure des opinions,
ne deuoit pas laiſſer publier vn écrit injurieux
aux lettres & aux ſciences? Déja la reputation
de ſon Auteur & la maieſté de ſon Lãgage, alte-
re en quelque façon la paßiõ legitime, que lon doit
à la neceßité & aux delices de la plus glorieuſe
des Langues. Et il ſemble déja que l'entrepriſe
eſt reſoluë, de la demolition de ce pompeux & ſu-
perbe edifice que les Romains ont éleué à la face
des nations : Ce grand edifice, di-je, que ces maî-

tres de l'art croyoient auoir appuyé ſur des bazes
conſtantes , ⁊ des fondemens inébranlables : ce
chef-d'œuure, ou éclattent tant de beautez ⁊
d'ornemens, ⁊ qui a toûjours eſté commis à la
garde ⁊ aux veilles des plus clairs-voyans des
ſiecles paſſez. Certes il eſt raiſõnable qu'à ce premier coup ſourdemẽt frappé, ⁊ dont le bruit en-
chanté, a plutôt endormy que reueillé les eſprits, la
Langue Romaine, treuue vn protecteur vigi-
lant qui diſsipe la faction de ſes ennemis. Mais
parce que ie me cõnés trop féble pour vne defenſe
ſi importãte, ie m'efforce au moins de ſõner la trõ-
pette, pour reueiller ſes Sectateurs du profond
ſomeil où ce Philtre les tient enſeuelis. C'ét pour
ces conſiderations, MESSIEVRS, que ie
prens la liberté de vous appeller auec les autres,
⁊ de vous enuoyer cet ouurage, afin que preſſez
par la force de la verité, vous n'oppoſiez point vôtre Ecolle à la gloire de celle de qui vous tenez la
vôtre. Ie crey que vous étes trop genereux pour
authoriſer en public cette iniure que vous auez
ſecrettement tolerée: ⁊ aſſez puiſſans pour conſeruer à la Langue Latine tous les auantages qui

luy sont deus: Et si ie me suis expliqué dans cette
Lettre, il ne vous entrera point dans la pensée,
qu'vn vent de gloire porte mes écris dans vôtre
compagnie, pour publier la victoire & le triom-
phe de la Langue Latine, en faisant éclatter sa
defense, & ses armes aux yeux de ses aduersai-
res. Ce sera bien plutot pour vous les remettre
entre les mains, & soûmettre leurs defaus à vôtre censure, comme à des Maîtres de qui ie suis,

MESSIEVRS,

De Paris, ce 30.
Iuillet, 1637.

Tres-humble & tres-
affectionné seruiteur,
BELOT.

www.ingramcontent.com/pod-product-compliance
Lightning Source LLC
LaVergne TN
LVHW012223170726
843503LV00005B/2226